Paul FEUGA

ADJOINT AU MAIRE DE TOULOUSE, OFFICIER DE L'INSTRUCTION PUBLIQUE

LA

STATUE DE RIQUET

A TOULOUSE

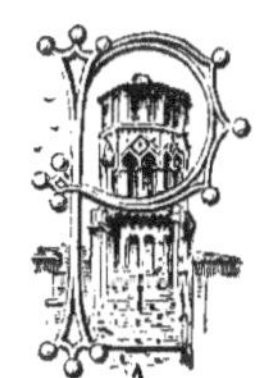

TOULOUSE

IMPRIMERIE ET LIBRAIRIE EDOUARD PRIVAT

Librairie de l'Université

14, RUE DES ARTS (SQUARE DU MUSÉE)

1904

P_{AUL} FEUGA

ADJOINT AU MAIRE DE TOULOUSE, OFFICIER DE L'INSTRUCTION PUBLIQUE

LA
STATUE DE RIQUET
A TOULOUSE

DISCOURS

PRONONCÉ

LE 1er JUIN 1903 A LA SÉANCE DE CLÔTURE

DU CONGRÈS DU SUD-OUEST NAVIGABLE

TENUE DANS LA SALLE DES ILLUSTRES

AU CAPITOLE

SOUS LA PRÉSIDENCE DE M. CHAUMIÉ
Ministre de l'Instruction Publique et des Beaux-Arts.

TOULOUSE

IMPRIMERIE ET LIBRAIRIE ÉDOUARD PRIVAT
Librairie de l'Université
RUE DES ARTS, 14 (SQUARE DU MUSÉE

1904

LA

STATUE DE RIQUET A TOULOUSE

DISCOURS DE M. P. FEUGA

Monsieur le Ministre,
Mesdames, Messieurs,

Le général Andréossy, en présentant au Premier Consul l'*Histoire du canal du Midi,* écrivait : « C'est la description de la plus belle entreprise « qui ait honoré le dix-septième siècle. » On avait déjà dit au dix-septième siècle : « Le canal du Midi est le plus grand et le plus noble des « ouvrages qu'on ait encore entrepris[1]. » C'est au génie qui conçut et exécuta ce glorieux dessein, au grand homme que Napoléon envia à Louis XIV, à Pierre-Paul Riquet, presque Toulousain, que la ville de Toulouse décerna, il y a cinquante ans, les honneurs d'une statue. Nous la voyons dans son attitude simple et bonne, telle que fut l'âme de celui qu'elle représente, dominer la terrasse des allées Lafayette, où elle semble attentive aux bourdonnements de la foule, brunie, après un demi-siècle, et comme revêtue de cette poésie sévère dont le temps, incomparable artiste, se plaît à draper les grands hommes dans leur immobilité. Celle-ci a une histoire qu'il est temps d'écrire, car elle glisse dans le passé comme les choses fugitives ; il appartient à ceux qui en furent les témoins de la raconter. Les fêtes du tricentenaire nous offrent une circonstance propice pour fêter aussi le cinquantenaire de la statue toulousaine.

L'Iconographie, aussi capricieuse que la Renommée dont elle est la confidente, a longtemps oublié Riquet. Néanmoins, elle ne négligea pas son œuvre, ni le monarque dont celle-ci contribua à illustrer le règne ; nous les voyons associés l'un et l'autre sur les documents numismatiques du temps où l'insignifiant Neptune usurpe la place due à Riquet[2].

1. Vauban, Mémoire conservé au dépôt des fortifications.
2. Médailles sur les principaux événements du règne de Louis XIV (1702), par Limiers. (*Annales de la Monarchie française,* 1724.)

Les muses latines et françaises, depuis la plus illustre, celle de Corneille,
imitèrent la frivole iconographie :

> France, ton grand Roi parle, et les rochers se fendent,
> La terre ouvre son sein, les plus hauts monts descendent,
> Tout cède, et l'eau qui suit les passages ouverts
> Le fait voir tout-puissant sur la terre et les mers.

L'inévitable Boileau mêle sa voix guindée à ce concert :

> J'entends déjà frémir les deux mers étonnées
> De voir leurs flots unis au pied des Pyrénées [1].

Ainsi voyons-nous tout le temps, sous les guirlandes en hexamètres
et en alexandrins comme sur les médailles, se dresser les dieux classi-
ques et le Monarque égal aux Dieux. Riquet n'existe pas. Il ne parut
pas assez grand sans doute aux muses courtisanes pour figurer dans le
cénacle mythologique. Que dis-je? l'Envie, qui se souvenait de l'avoir
vu dans les gabelles, ne lui ménagea pas les basses ironies :

> L'argent qu'as gagnat al sal
> Se te foundra dins le canal.

Pauvre Riquet! que Lafaille appelle avec émotion « le plus honnête
« homme de son temps », qui commença le canal à ses frais : il avait
porté le discrédit de la gabelle, il porta celui des travaux publics, non
moins lourd; car le peuple, ainsi que l'écrivait M. de Bézons à Colbert,
en 1666, le peuple décriait cette entreprise qui augmentait les impôts
sans autre compensation que des espérances dénuées de certitude.
Cependant, entre l'éclat des dithyrambes qui se trompaient d'adresse et
les cris de la raillerie qui accrochait ses calembours aux armoiries de
Bonrepos, quelques voix timides s'élevèrent; le canal fut un beau sujet
de vers latins dans les collèges : *Descriptio poetica alvei quo Mare
Mediterraneum cum Oceano junjitur*, et l'on y disait, sans écho, ce que
la foule répéta plus tard, trop tard : « Que M. Riquet était un homme
« d'une capacité extraordinaire. »

Élevons-nous au-dessus de la foule. Colbert écrit à Riquet le 14 août
1665 : « Vous avez été celui qui avez fait renaître dans notre temps le
« grand dessein de la jonction des mers, et qui avez donné les premières
« dispositions. Vous ne devez pas douter qu'outre la gloire que vous en
« acquerrez, le Roi ne vous en sache beaucoup de gré », langage officiel
du ministre honnête et prudent qui a le devoir, avant tout, de tout rap-

---

1. Épître à Louis XIV.

porter à la gloire du maître. Le Maître parle à son tour : dans l'édit de 1666, il déclare « que ce grand ouvrage est capable de perpétuer aux « siècles à venir le nom de son auteur »; style pompeux, à la manière du temps, mais où l'on sent je ne sais quelles réticences qui amoindrissent les hommes. La franchise éloquente et concise des inscriptions lapidaires est encore loin ; loin encore le statue qui contemplera le passé injuste.

On raconte que le maréchal de Vauban, après avoir parcouru les bords du canal pour en vérifier l'état, arrivé sur les hauteurs de Naurouze, s'écria : « Il manque quelque chose ici, c'est la statue de Riquet[1]. » Fort des services par lui rendus à la France plus qu'au roi, celui-ci parle franc, et peut-être connaissait-il ce mot de Pascal sur Archimède : « Il « n'a point donné de batailles, mais il a laissé à tout l'univers des inven- « tions admirables », car il ajoutait qu'il eût volontiers échangé sa renommée contre la gloire d'être l'auteur du canal du Languedoc; c'était presque dire qu'il eût voulu être Sully et Richelieu qui avaient conçu ce projet; c'était mettre au-dessus d'eux Riquet qui l'avait exécuté. Vauban allait seul au devant d'une réalité qui n'aurait jamais dû attendre.

Quand Philippe Féral, presque notre contemporain, s'écriait dans un de ces mouvements d'éloquence qui lui étaient familiers : « Il n'a rien « manqué à Riquet, aucun des touchants hommages décernés aux bien- « faiteurs de leur pays[2] », il ne se trompait que de deux siècles pour les besoins de sa plaidoirie. Ces peuples dont Riquet avait vivifié les campagnes et qui acclamaient son nom, ces poètes qui célébraient sa mémoire, ces corps littéraires qui l'honoraient de leurs éloges, ces cités qui lui élevaient des statues, cette apothéose, en un mot, autour de ses traits presque effacés, ce n'était pas de l'histoire ancienne; il n'y avait pas vingt ans que les apologistes du dix-neuvième siècle réparaient l'oubli des poètes du grand siècle. Il est vrai que Delille avait dit :

Il joignit les deux mers qui joignent les deux mondes.

C'est un beau vers, mais une contribution plutôt insuffisante à la gloire du grand homme. Il est vrai qu'à Toulouse, dans un coin de la Salle des Illustres, Riquet siégeait sous forme de buste; mais il y avait tant d'hommes illustres somnolents dans les niches dorées de ce panthéon que le créateur du canal y passait inaperçu, dédaigné comme un parvenu. Il est vrai que les rédacteurs du premier *Guide de Toulouse*, en 1822, avaient écrit sommairement pour abréger les difficultés biogra-

---

1. Pierre-Paul de Riquet. *Étude historique*, par G. Guibbal, dans la *Revue de Toulouse*, 1866, pp. 250 et 286.
2. Ph. Féral, *Œuvres* publiées en 1869, plaidoirie de 1846.

phiques : « Le nom de cet homme célèbre suffit à son éloge. » Éloge illusoire ! la basse envie, qui n'avait jamais fait la moindre concession à la vérité, le corrigeait à sa manière en insinuant que Riquet ignorait même les premiers éléments de l'hydraulique. Le contraste entre l'homme et l'œuvre ne pouvait, avouez-le, être poussé plus loin ; il atteignit l'absurde.

C'est à l'Académie des Jeux Floraux que revient l'honneur d'avoir pris les devants dans cette œuvre de réparation tardive. En 1809, elle mit au concours l'éloge de Riquet. M. Pagues, avocat, chef de bureau à la Préfecture de la Haute-Garonne, obtint le prix réservé du poème, et un jeune étudiant de l'École de droit, M. J.-B. Lapène, de Saint-Gaudens, remporta le prix du discours. L'année suivante, le 31 mai, eut lieu l'inauguration de la nouvelle branche du canal des Deux Mers sous les murs de Carcassonne. En un beau discours, le baron Trouvé, préfet de l'Aude, replaça solennellement Pierre-Paul Riquet sur le piédestal officiel des hautes renommées. Ceci n'est qu'une figure, car, quoique grandement honoré depuis par d'honorables écrivains, Riquet attendit encore pendant vingt-huit ans que Béziers, sa ville natale, se décidât enfin à consacrer sa gloire en lui élevant une statue.

Il faut dire, pour être juste, qu'on avait déjà parlé d'une statue à Toulouse dès 1830, comme on le verra plus loin ; mais à Toulouse, comme partout sans doute, les meilleures intentions n'arrivent aux actes qu'après mille détours ; la suite de ce récit le prouvera.

Les fêtes de l'inauguration de la statue de Riquet à Béziers, œuvre remarquable de David d'Angers, eurent lieu en 1838, le 20 octobre. Il y eut un concours littéraire des plus brillants, dont les résultats furent publiés sous le titre de : *Couronne poétique offerte à la mémoire de P.-P. Riquet.* Le premier prix fut décerné à M. Constant Dubos, se disant médecin à Compiègne, pour la circonstance, mais, croyons-nous, en réalité, professeur au Collège Bourbon et traducteur estimé des épigrammes de Martial et des satires de Juvénal, auteur d'esprit original d'ailleurs, qui consacra une ode à la pipe et au tabac. Quelques-uns des concurrents, sans parvenir à la célébrité, ont inscrit leur nom dans l'histoire de la littérature sous le second Empire ; tel Julien Daillière, bibliothécaire à la Sorbonne, qui fut lauréat de nos Jeux Floraux et composa surtout des drames historiques dont le feu de la rampe n'éclaira jamais les poignantes péripéties ; telle Mme Fanny Denoix des Vergnes, qui cultiva avec une égale souplesse des genres très différents : la poésie, les études historiques, le roman, l'archéologie ; tel encore, Boulay-Gaty, bibliothécaire au Ministère de l'Intérieur, un poète qui eut cette rare bonne fortune de voir l'Académie française couronner ses sonnets, sans renier Boileau, et, enfin, l'excellent Magloire Mayral, juge de paix à

Castres, auteur de la *Biographie castraise*, bien connue de nos érudits régionaux.

Un licencié de Toulouse, M. Mounié, qui participa sans succès au concours de Béziers, écrivit à cette occasion, entre les feuillets de son mémoire, une note pleine de bon sens : « La gloire, aussi capricieuse « que la fortune, dit-il, ne s'attache pas toujours au mérite. » (Ce n'est « pas de lui qu'il parle.) On a érigé des statues à des hommes qui méri- « taient moins cet honneur que Riquet. Enfin, sa patrie le venge d'un « oubli injurieux... Espérons que Toulouse, la cité Palladienne, qui a tant « d'obligations au célèbre ingénieur, suivra l'exemple de Béziers et lui « témoignera sa reconnaissance en érigeant un monument à ce grand « homme. » Nous l'avons dit, Toulouse y avait pensé en 1830 ; elle continua à y penser encore pendant quinze ans. L'Académie de Béziers confia a cinq de ses membres le soin d'écrire pour la postérité l'histoire du monument Biterrois. Toulouse eût pu rassembler toutes ses Académies, car il y a peu d'histoire plus singulière dans les fastes de la statuaire ; mais il est fort possible qu'après avoir attendu la statue pendant un quart de siècle, on eût attendu l'histoire longtemps encore.

Les statues ont leur destinée, aussi fâcheuse quelquefois que celle des grands hommes dont elles immortalisent les traits. Griffoul-Dorval, l'auteur de la statue de Toulouse, allait faire l'expérience de l'instabilité des marbres et des bronzes à travers les agitations de la vie politique. Griffoul-Dorval était professeur à notre École des arts. Il avait étudié dans l'atelier de Pierre Lucas et s'était perfectionné dans celui de Cartellier, à Paris. Dorval ne démentit pas les espérances qu'avait fait naître ce double enseignement. Nous savons quelle flatteuse popularité entoura le maître dans cette ville de Toulouse que la célébrité artistique d'un si grand nombre de ses enfants a cependant accoutumée depuis longtemps à se montrer difficile en matière d'art. Dorval a exécuté deux représentations de Riquet, l'une est un buste en marbre de Carrare, d'une valeur de 10,000 francs, et dont les administrateurs du canal, qui en étaient les propriétaires, ont fait hommage à la ville de Béziers en 1901. C'est une des plus belles pièces sorties de la main de Dorval ; l'autre est la statue dont nous allons parler.

Avant la Révolution, il y avait sur la place Mage une statue équestre de Louis XIII, adossée à la façade d'un des beaux hôtels de cette place. Elle était l'œuvre d'Artus. Le roi foulait aux pieds l'hérésie sous les traits d'une femme renversée sous le cheval. Les orages politiques avaient détruit cet emblème. En 1826, M. de Montbel, maire de Toulouse, proposa au Conseil municipal le rétablissement de la statue de Louis XIII sur la même place. « Le Conseil, désirant remplir le devoir « que lui imposait son amour pour l'auguste race des Bourbons », vota le rétablissement. L'exécution de la statue fut confiée à Dorval [1].

Il représenta Louis XIII debout, en manteau royal, tenant de la main gauche le sceptre et de l'autre présentant à la France l'édit de paix de Montpellier, dans lequel se trouvait la confirmation de l'Édit de Nantes. Certes, on ne pouvait choisir dans la vie du roi heure plus favorable « pour légitimer l'hommage qu'on voulait lui rendre » que celle « où il « fit un si noble usage de la victoire ». Cette attitude néanmoins ne lui fit pas trouver grâce devant les hommes de 1830. Ils décidèrent de changer le sujet de la statue, et voilà M. Dorval dans la situation du statuaire de La Fontaine. Que faire de Louis XIII? « ce bloc de marbre « était si beau ». Il cessait d'être roi, il ne pouvait être dieu. Quelle perplexité !

Pendant ce temps, voilà ce que l'on disait au Conseil municipal : « Louis XIII est le roi de France qui a obtenu le plus grand nombre de « statues et celui qui a le moins mérité cet honneur. Dans les circons- « tances actuelles, lorsque le sang français vient d'être répandu par les « mains royales, aucun ami de la patrie ne donnera son adhésion à cet « hommage. A quel titre la ville de Toulouse a-t-elle voté une statue à « ce roi, le plus nul de sa race? Quel bienfait pour la ville, quel mérite « personnel a pu justifier cet honneur? A-t-il édifié les habitants de cette « ville en faisant tomber, sous l'une des croisées du Capitole, la tête du « malheureux Montmorency [2]? » Mais par qui le remplacer, en indemnisant M. Dorval qui ne pouvait, dans ce cas exceptionnel, partager la mauvaise fortune de Louis XIII ? Il fallait honorer avant tout un homme utile, un génie bienfaisant? La capitale a pour elle les illustrations nationales; les villes de la province ont leurs illustrations aussi, qui ne sont pas toujours de moindre taille. Il ne s'agissait plus que de faire un choix judicieux parmi nos illustres. Dans cette foule, beaucoup se ressemblaient, et tous paraissaient également illustres. M. Viguerie, maire de céans, sut heureusement discerner dans cette belle compagnie une illustration à la fois locale et nationale, *ce fut Riquet.*

Pareille aventure advint à Cartellier, le maître de Dorval. Son Louis XV, qui devait à perpétuité chevaucher à Paris sur la place de ce nom, devint, à la suite des événements de 1830, le Louis XIV qui triomphe encore à cheval, sous une perruque majestueuse et avec un autre manteau, dans la cour du palais de Versailles. Seulement, il n'était pas aussi facile ici de transformer un roi en simple gentilhomme sans s'exposer à de fatales inexactitudes. On épargna ce souci à Dorval en lui procurant un beau bloc de marbre extrait des carrières de Saint-

---

1. Séances des 17 juin 1826 et 25 juin 1827. (Arch. municip., Délibérations.)
2. *Rapport de la Commission*, 23 octobre 1839. (Arch. municip.)

Béat. Cette statue, la première exécutée à Toulouse depuis le commencement du siècle, après celle de Louis XIII qui n'avait pas vécu, méritait bien quelques sacrifices. On ne les marchanda pas. Le premier devis s'éleva à 23,840 francs, pose comprise, non plus sur la place Mage, suivant un premier projet, mais sur la place Saint-Etienne, qu'on appelait alors place de la Préfecture, et qu'on s'était proposé d'embellir déjà en 1829 en y élevant une fontaine jaillissante. Il n'y avait aucune difficulté à réunir les deux projets. Tandis qu'on examinait les devis, Dorval s'était mis à l'œuvre. Il avait demandé cinq ans, il en prit dix. Il avait transporté son atelier dans une salle de la Faculté de droit, que le doyen de cet établissement avait gracieusement cédée à la ville pour les cinq années que devait durer le travail. Je viens de le dire, il y eut abus de jouissance. Le rigide doyen invoqua les conventions, les délais, les textes, lança des sommations, en appela au recteur, fit valoir l'intérêt, la dignité des études. Dorval ne bougea pas plus que Riquet, dont le visage commençait à sourire sous son masque de marbre. Il en avait vu bien d'autres, de son vivant, le grand homme, au temps du grand roi ; en attendant, il s'embellissait sous les retouches délicates du maître. Enfin, le 11 avril 1840, sur une plus pressante sommation du recteur et du doyen coalisés[1], Dorval écrivit au maire :

« Je pense ne devoir remettre ce local qu'à M. le Maire de Toulouse
« de qui je l'ai reçu, et sur son ordre officiel qui sans doute me sera
« donné tout au moins huit jours à l'avance pour me laisser le temps
« indispensable à l'enlèvement des objets nombreux et fragiles qui se
« trouvent dans ce local. Néanmoins, je vais déménager ; mais je garde
« les clefs, car on se propose de mettre aussitôt des ouvriers à l'œuvre
« dans cette salle. »

C'était moins la crainte de voir Riquet servir de portemanteau aux artistes inférieurs de la menuiserie ou de la maçonnerie qui poussait Dorval à opposer les moyens dilatoires coutumiers aux locataires récalcitrants, que le secret désir de se venger de ce doyen, dont les traits, les regards, comme une vision, l'obsédaient quand il travaillait. Riquet avait failli ressembler à M. Malpel. La statue prête, il ne restait qu'à l'inaugurer ; mais, pour l'inaugurer, il fallait un piédestal. On avait mis dix ans à faire la statue ; on en mit vingt à façonner le piédestal.

Il ne suffit pas au piédestal de convenir à la statue, il faut encore que ses formes, ses proportions, s'harmonisent avec l'emplacement qu'on lui destine. Or, le piédestal autour duquel devaient folâtrer, sous les taquineries du vent d'autan, les eaux jaillissantes de la fontaine Saint-Etienne, n'avait plus sa raison d'être tel qu'il était, une fois transporté

1. MM. Thuillier et Malpel.

sur la place Lafayette où un nouveau projet proposait de placer la statue. Ce projet fut exécuté en 1838, sur le papier, bien entendu, avec des moulures, des corniches et des inscriptions; il y en avait pour quelques milliers de francs. Ce piédestal était réellement beau et complet, entouré d'une grille et décoré de peintures qui représentaient diverses espèces de marbre; des bancs environnaient l'enceinte; une marche servant de trottoir au pourtour complétait la décoration. On admira le projet, mais on en choisit un autre de 750 francs en charpente et en toile. L'économie n'est jamais blâmable en soi, mais on conviendra qu'ici elle n'offrait pas le moindre encouragement aux Beaux-Arts. Pour les fêtes de juillet, en 1840, sur ce piédestal qui ressemblait à un décor d'opéra, on vit apparaître enfin une statue de Riquet; la face tournée vers les allées Lafayette, elle regardait le canal. Celle-ci était en plâtre, assortie aux tréteaux qui la supportaient et qui eussent déshonoré la statue de marbre de M. Dorval. Elle était indigne de cette belle place Lafayette dont les Toulousains étaient si fiers, et que les bourgeois de 1820 appelaient encore la place du Petit-Versailles. Cet état regrettable ne dura pas. Un Conseil municipal propose, un pêle-mêle électoral survient, un nouveau Conseil municipal dispose, Le désir de M. de Perpessac, maire, avait été de faire un essai, on le fit; le désir de M. Dutemps, adjoint, faisant fonction de maire, fut de supprimer l'essai, on le défit en 1841. Le sosie de Riquet quitta la place et il fut question d'un nouveau piédestal, car il était déjà question d'un nouvel emplacement.

Le 27 mars 1833, le Directeur de l'École vétérinaire nouvellement établie à Toulouse écrivait au Préfet pour lui demander la construction d'un pont sur le canal. Cette proposition, mise à l'étude en même temps par l'administration du canal et par la ville, donna l'idée de redresser le canal qui formait une ligne oblique sur l'axe de l'allée Lafayette. Elle aboutit au surplus à deux projets de pont : celui de M. Maguès, ingénieur du canal, et celui de M. Vitry, architecte de la ville. C'est celui de M. Maguès qui fut adopté. Dans l'un et dans l'autre, la place de la statue était prévue : M. Vitry la plaçait sur le pont et M. Maguès où nous la voyons aujourd'hui. Ce détail est nécessaire pour expliquer l'attitude singulière de la statue dont le geste appelle l'attention sur une chose absente. Mais entre temps une nouvelle statue était née, celle de Cujas, œuvre du statuaire Valois. Il ne restait, ce semble, qu'à demander, pour les ériger, l'autorisation exigée par l'ordonnance royale du 10 juillet 1826, et tel fut l'objet d'une délibération du 9 juin 1842 qui n'eut pas de suite heureusement pour une nouvelle statue, celle de Brienne, qui vint aussi demander une place par la voix de M. Roucolles, en 1844. Le pont existait en 1847. Les allées Lafayette étaient prolongées, les rues adjacentes bâties et alignées et Riquet attendait

encore, comme Cujas, qu'on le retirât de l'exil, où tantôt la politique et
tantôt les ingénieurs semblaient vouloir le laisser se détérorier dans
l'oubli. Que la politique ait proscrit Louis XIII et Loménie de Brienne,
ils méritaient leur sort, à la rigueur, l'un pour avoir fait abus de la
politique par profession, l'autre pour en avoir fait, par fantaisie ou par
ambition, un déplorable usage ; mais le divin Cujas, le grand et trop
modeste Riquet ne méritaient pas, eux, de subir le contre-coup de
nos discordes.

1848 est passé comme un ouragan ; des hommes noûveaux sont venus.
Les statues attendent. Le citoyen Gasc, avocat grandiloquent et subtil,
demande pour Cujas une promenade, des arbres, de l'air, une pers-
pective, un panorama. En 1849, Toulouse ne connaissait pas encore ce
luxe des capitales. Pour Riquet, on se bornait à demander un piédestal.
Le Conseil alloua à Cujas, avec une imperturbable indifférence,
150 francs pour son inauguration [1] ; mais il se montra touché du sort
vraiment malheureux de Riquet attendant toujours un piédestal. Les
fonds affluaient : le Conseil général avait voté 5,000 francs, la famille de
Caraman en avait offert 6,000, le Préfet avait demandé au Ministre un
crédit de 10,000 francs [2], et le Conseil se démenait, plein de bonnes
intentions, opposant le piédestal à la place ou la place au piédestal [3].
En réalité, il n'y avait qu'une place, celle qu'avaient fixée les ingénieurs ;
mais alors on se trouvait en possession de trop de piédestaux. Les adjudications se succèdent, les protestations des entrepreneurs succèdent
aux adjudications ; les carrières de Saint-Béat désignées par le cahier
des charges dissimulent une spéculation ; on mettra à contribution,
au gré de l'entreprise, « les meilleures carrières de France ». Tel est
l'état de la question en 1850 ; mais en 1852 on se demande dans les
Commissions, pendant que Riquet se morfond à l'entrepôt, si le granit,
le granit solide, celui qui ne s'effrite pas, ne conviendrait pas mieux que
le marbre. Il y avait sous ce granit une poétique pensée : ce devait être
du granit de la Montagne-Noire « où Riquet avait découvert les sources
qui ont alimenté le canal ». Une délibération du 8 décembre 1852 assura
le triomphe définitif du marbre noir coquillé de blanc.

Restaient les inscriptions ; elles se présentèrent presque à la veille de
l'inauguration, le 2 septembre 1853, sous les auspices de M. d'Aldéguier,
qui les commenta devant la Commission : Saint-Ferréol, lac artificiel le
plus considérable qui ait été fait jusqu'à ce jour ; Naurouse, point de
partage des eaux vers l'Océan et la Méditerranée ; percement de Malpas,
qui était considéré comme impossible au dix-septième siècle. Et M. d'Al-

---

1. Délibération du 25 novembre 1850. Archives municipales.
2. Conseil général, procès-verbaux ; lettre Caraman, 17 janvier 1850.
3. Délibérations 31 octobre, 13 novembre 1850, 13 mai, 6 septembre 1851.

déguier, oubliant les Bourbons, de s'écrier : « C'est le Marengo, l'Austerlitz et le Wagram de Riquet! »

Les fêtes de l'inauguration furent fixées au 18 septembre 1853. On avait eu l'intention de les célébrer en 1852, après le passage du Prince Président, alors qu'il y avait encore beaucoup d'étrangers à Toulouse, mais, ainsi que le faisait observer le comte Georges de Caraman, les fêtes brillantes qui venaient d'avoir lieu, la saison déjà avancée et l'éternel piédestal toujours inachevé paraissaient des raisons plus que suffisantes pour remettre la cérémonie à l'été de 1853.

Le dimanche 18 septembre, le ciel, dédaigneux des décisions du conseil et contrariant comme un entrepreneur de piédestal, déchaîna sur Toulouse les vents et les nuages. La fête fut renvoyée au mercredi suivant 21 septembre 1853.

Ce fut une bien belle fête. On y vit, comme dans toutes les solennités officielles, les pompiers au casque d'or, escortant le Conseil municipal, les valets de ville le précédant en culotte courte, en habit de gala avec chaîne et plaque aux armoiries de la Ville; on y vit briller les insignes des hauts fonctionnaires en uniformes multicolores. Des artilleurs, des hussards, des chasseurs à pied et des fantassins en armes entourèrent le monument. Sous un pavillon aux armes de Toulouse, prirent place les personnages officiels; les descendants de Riquet se groupèrent sous un second pavillon que le blason de Bonrepos signalait à l'attention de la foule. Du seuil de ces deux tentes pacifiques, furent échangés les discours les plus courtois. M. le comte de Caraman répondit en termes simples et émus au discours de M. Massol, faisant fonctions de maire; ce fut à cette occasion qu'il dota le Bureau de bienfaisance d'une fondation pour les malades indigents, digne successeur de Riquet qui avait convié au travail, de son vivant, plus de douze mille ouvriers et qui laissa après lui cette administration paternelle du Canal à l'abri de laquelle tant d'humbles familles de nos pays ont paisiblement traversé la vie depuis bientôt trois siècles.

Ensuite, les troubadours prirent la parole. M. Olmade, chef de division à la mairie, invita les nymphes à tresser une couronne pour le front immortel de l'auteur du canal; le docteur Combes le compara à Christophe Colomb, à Moïse, à Hercule! M. Daveau, de Carcassonne, lut une pièce patoise, et M. Rouget, principal émérite de l'Université, quelques belles strophes latines. Rien n'y manqua, qu'un peu d'histoire. On eût appris sans doute avec plaisir, dans cette circonstance, que ce fut à Toulouse même qu'eut lieu, le 30 décembre 1664, la première adjudication des travaux du canal[1]; que la première écluse y fut placée le 18 novem-

---

1. Archives communales. *Recueil de placards*, tome CLXII. Délibérations,

bre 1667; que les capitouls assistèrent en robe à cette solennité; qu'on
« fit sortir les canons et frapper des médailles en tel nombre qu'on en
put envoyer aux étrangers »; l'Archevêque de Toulouse y assista, comme
son successeur au siège de Saint-Saturnin assistait à la cérémonie de
1853. Le 19 et le 20 septembre, la famille de Caraman offrit aux magis-
trats municipaux un magnifique banquet sur des bateaux pontés qui
rappelaient ceux où furent conviés, à Castelnaudary, le 19 mai 1661,
pour la première navigation du canal, le cardinal de Bonzy et son cor-
tège de prélats ainsi que M. Daguessau et les délégués de la Cour. Ces
souvenirs n'eussent pas été dénués d'intérêt au bord du canal et au pied
de la nouvelle statue.

Il serait long et superflu de décrire par le menu la suite de la cérémonie. Il y eut un concert où Méhul, Halévy, Auber, Ambroise Thomas,
Adam, Beethoven, Rossini enchantèrent le public sous l'habile direction
de M. Becquié de Peyreville; seulement, avant le concert, éclata une
émeute. Le sang ne fut pas versé heureusement, mais la police, les pompiers, l'infanterie furent par trois fois refoulés avec une telle vigueur que
les dignes agents, emportés par l'ouragan dans la salle des Illustres,
assistèrent au concert en dépit de la consigne; « les dames, écrit un re-
porter, se distinguèrent surtout par le sang-froid et la hardiesse de l'atta-
que ». Il y eut le soir une sérénade au bord du canal et une illumination
des allées Louis-Napoléon : cette illumination fut éblouissante d'après
quelques textes, nébuleuse aux yeux de quelques mécontents; ce fut un
désastre, si l'on écoute les hommes de l'opposition. Ces contradictions
appellent une brève explication.

Lorsque le Prince Président passa à Toulouse, un journal de Paris
donna à ses lecteurs le plan et les détails d'une bataille simulée sur les
hauteurs du Calvinet, une sorte de mise en scène de la mémorable bataille de 1814. On y parlait avec beaucoup de précision des mouvements
effectués sur le terrain, de la bonne tenue des troupes et de leur ardeur,
des acclamations unanimes avec lesquelles elles avaient accueilli le Président. La vérité est que la bataille n'avait pas eu lieu. C'eût été une
singulière façon d'honorer le candidat à l'Empire que de mettre sous ses
yeux le spectacle d'une défaite impériale; c'est pourquoi le spectacle fut
changé. La petite guerre du Calvinet devint une banale revue au Poly-
gone. Malheureusement, on le sut trop tard à Paris; l'article improvisé
la veille avait déjà paru et il existait une légende de plus. Encore le
rédacteur parisien avait-il pour excuse l'éloignement, mais que penser
de cette feuille de Toulouse, la plus sérieuse, la mieux informée et la
plus sincèrement préparée à accepter le régime nouveau, qui écrit ceci
dans le compte rendu des fêtes de Riquet : « A ce moment le voile qui
couvrait la statue est tombé au bruit de joyeuses fanfares et un ballon

dont la forme représentait le monument s'est élevé dans les airs aux acclamations de la foule. » Il est bien vrai que le ballon avait l'intention de s'élever majestueusement dans les airs, mais, refoulé par les vents, il retomba piteusement sans avoir dépassé le faîte des maisons voisines. Emmurée dans l'étroite rue Saint-Rome, un lieu détestable pour les observations météorologiques, la rédaction, en écrivant ce paragraphe la veille, n'avait pas prévu qu'il ferait du vent le lendemain, et c'est ainsi qu'à travers le prisme de l'imagination elle vit monter un ballon qui ne monta pas et briller avant l'heure une illumination boudeuse qui refusa de briller. Ce qui prouve qu'il y a plusieurs inconvénients à écrire l'histoire par anticipation [1].

Il y a cinquante ans que Riquet sourit aux Toulousains, aux Toulousaines, sur son piédestal, au milieu des jasmins, des violettes et des roses. Il ne nous est plus possible d'oublier ce grand homme de bien. Son œuvre semble avoir subi, à l'heure présente, l'évolution commune des choses « dénuées d'utilité, mais non pas de grandeur », comme on l'a dit avec raison. Elle reste pour nous plus que « le souvenir d'un beau siècle et la marque d'un puissant génie [2] ». Pour nous qui réclamons une communication plus large et plus rapide entre les deux océans, elle est et restera, jusqu'à ce que nous ayons rempli ce but, la plus admirable leçon. Quand on vit au dix-septième siècle, suivant l'expression d'un contemporain, « une flotte naviguer sur des montagnes dans des pays où on aurait eu peine à trouver de l'eau », l'Europe qui avait jugé ce résultat « impossible », l'Europe entière fut émerveillée. Un homme avait eu la hardiesse de former cette entreprise, le courage de la suivre et le bonheur de l'exécuter [3].

Ne sommes-nous pas à la veille d'une semblable entreprise ? Et nous sommes légion pour l'exécuter, avec des moyens auprès desquels ceux du dix-septième siècle paraissent bien faibles pour surmonter des difficultés qui ne sont pas plus grandes. Le doute, l'indécision étaient tels dans les conseils du roi que les commissaires de 1664, après avoir reconnu la possibilité du canal, vaincus par l'obstination de M. de Riquet, décidèrent cependant que, pour plus de sûreté, on exécuterait d'abord « un canal de deux pieds pour faire l'essai et entreprendre plus hardiment un si grand ouvrage et aussi avantageux ». Nous pouvons considérer le canal du Midi comme la rigole d'essai du canal de l'avenir, et c'est à l'auteur de l'essai que remontera encore la paternité glorieuse de notre moderne entreprise. Quel que soit l'éclat de celle-ci, il n'égalera

---

1. *L'Aigle*, la *Gazette du Languedoc*.

2. H. de Saint-Marc, *Étude historique et juridique sur l'entreprise du canal du Midi*, 1888.

3. Ph. Féral, *Œuvres*.

pas l'éclat de la sienne; quelles que soient notre énergie et notre persé-
vérance, elles ne dépasseront pas celles de celui qui, au milieu de ses
nobles infortunes, écrivait à sa famille : « J'ai du cœur, prenez garde
de n'en point manquer. »

Je vois dans l'avenir s'ouvrir à Toulouse un concours où nos meilleurs
artistes s'empresseront de venir prendre part. Le sujet du concours sera
un nouveau piédestal; celui-ci se rattachera par l'idée, mais avec bien
plus de vérité alors, au bas-relief exécuté par Pierre Lucas à l'Embou-
chure; il représentera la jonction des deux mers, réelle cette fois et plus
largement conçue. Il suffira pour le faire grandiose de saisir au passage
les suggestions artistiques qui, venues des deux Mondes, se croiseront à
Toulouse, dans le nouveau détroit, et sur les groupes symboliques qui
composeront cette page nouvelle dédiée au progrès, je vois encore *Riquet*,
de Dorval, le grand ingénieur modeste et bon, contempler de plus haut,
non plus son œuvre, mais celle que nous aurons réalisée en l'imitant,
telle véritablement que son génie l'a entrevue. Vision d'artiste aujour_
d'hui, réalité demain, si nous savons comprendre la leçon que semble
donner encore à la France méridionale la statue que nous érigeâmes ici
il y a cinquante ans sur la plate-forme des Deux-Mers.

Toulouse, imp. DOULADOURE-PRIVAT, rue Sᵗ-Rome, 39. — 2576